Titel:

Perls' Schichtenmodell der Neurose

Gewidmet: Perlchen

Marion Wechs

Titel:
Perls' Schichtenmodell der Neurose

Wechs-Fürnrohr, Marion
Perls' Schichtenmodell der Neurose

Blaichach, Februar 2014

Alle Rechte am Werk liegen beim
Autor:
Marion Wechs-Fürnrohr
Rothenfelsstr. 6
87544 Blaichach

Ein Titeldatensatz für diese
Publikation ist bei der Deutschen
Nationalbibliothek erhältlich

Herstellung und Verlag:
BoD – Books on Demand,
Norderstedt
ISBN 978-3-7357-8428-5

Perls' Schichtenmodell der Neurose

Vorwort:

Fritzens Zwiebel-Neuröschen.

Quellen:

Fritz Perls, Grundlagen der Gestalt-Therapie, Seite 102-104.

Albrecht Boeckh, Die Gestalttherapie, Seite 53-55.

Frederick Perls/Patricia Baumgardner, Das Vermächtnis der Gestalttherapie, Seite 42-52.

Frank-M. Staemmler/Werner Bock, Neuentwurf der Gestalttherapie, Seite 72-81.

Ruth C. Cohn/Alfred Farau, Gelebte Geschichte der Psychotherapie, Seite 300-308.

Die Schichtenmodelle aus
„Die Gestalttherapie",
„Das Vermächtnis der Gestalttherapie" und
„Neuentwurf der Gestalttherapie"
weisen leichte Unterschiede auf.
Ich halte mich an das Schichtenmodell aus
„Neuentwurf der Gestalttherapie".

Die fünf Schichten der Neurose (siehe: Neuentwurf der Gestalttherapie):

Rollen und Spiele

Angst

Engpass

Implosion

Explosion

Fritz Perls:
„Wir können nur eine Tür auf einmal öffnen und eine Schale von der Zwiebel auf einmal ablösen. Jede Schicht ist ein Teil der Neurose (…)."

Fritz Perls spricht von fünf Schichten der Neurose.
Wie er sich diese genau vorstellt, ist allerdings nicht so ganz klar.
Sein Zwiebel-Vergleich lässt jedoch folgenden Schluss zu:
Die neurotischen Schichten liegen übereinander wie Zwiebelschalen.
Die fünfte Schicht (Explosion) ist der Zwiebelkern.
Es bedarf Bewusstheit, damit der Mensch von einer Schicht zur nächsten kommt.

Quellen:
Fritz Perls, Grundlagen der Gestalt-Therapie, Seite 104
Staemmler/Bock, Neuentwurf der Gestalttherapie, Seite 72-73 und Seite 78.

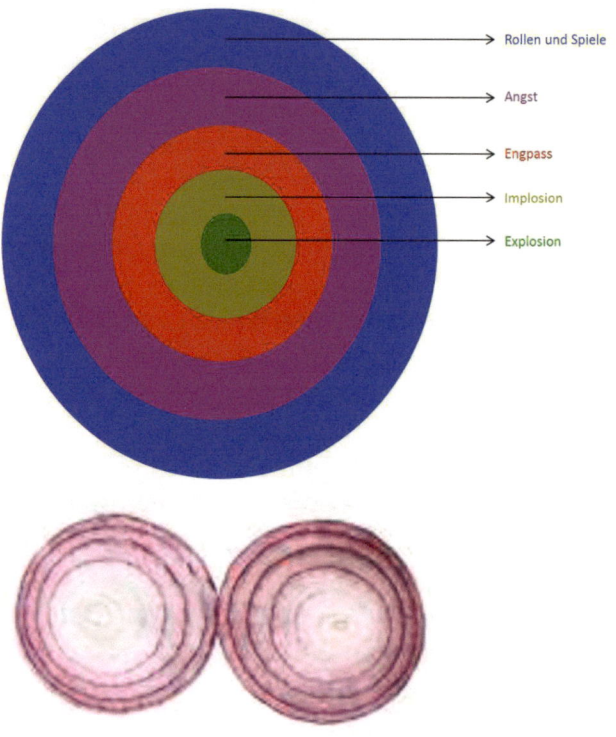

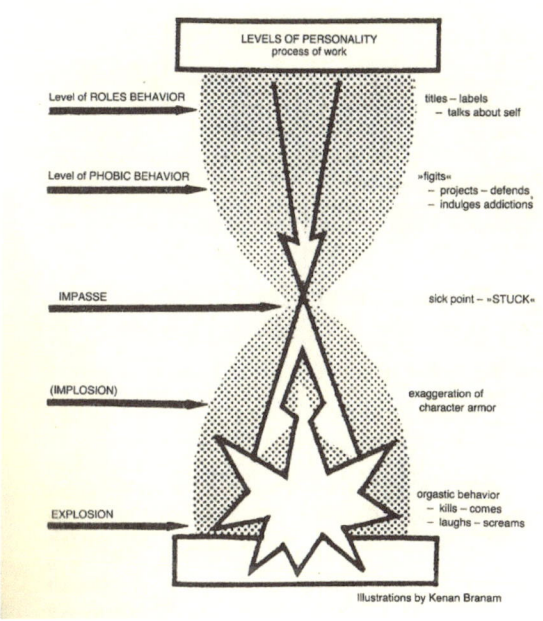

Quelle:
Frank-M. Staemmler/Werner Bock,
Neuentwurf der Gestalttherapie, Seite 75.

Rollen und Spiele:

Soziale Konventionen prägen das menschliche Verhalten. Das Rollenspiel soll Sicherheit, Voraussehbarkeit und Zuverlässigkeit bieten. Die Rollen sind sozial vorgeschrieben und bilden sich im Laufe des Miteinanders heraus und verfestigen sich. Das konventionelle Verhalten steht im Vordergrund. Die Authentizität steht im Hintergrund. Der Mensch begegnet sich selbst und seiner Umwelt genormt (oberflächlich) statt authentisch. Er vermeidet echten Kontakt. Der Schauspieler verhält sich stereotyp. Die eigenen Verhaltensweisen und die der anderen sind voraussehbar und zuverlässig. Der Mensch spielt Rollen und Spiele. Er verhält sich als ob er ein anderer wäre. Der Rollenspieler manipuliert seine Umwelt.

Die Rollen haben den Zweck, andere Menschen so zu manipulieren, dass sie den Neurotiker unterstützen. Der Neurotiker erkennt die existentielle Tatsache nicht an, dass er für sich selbst verantwortlich ist. Er vermeidet die Auseinandersetzung mit seinen eigenen Schwierigkeiten. Das Rollenspiel hat die Funktion andere Menschen zu manipulieren. Und es hat die Funktion Verunsicherung zu vermeiden. Daher nehmen viele Menschen (Neurotiker) Selbstschädigung in Kauf. Der Rollenspieler schränkt seine persönlichen Ausdrucksmöglichkeiten stark ein. Er verschließt seine Augen vor den eigenen Bedürfnissen. Er verschließt seine Augen vor der Wirklichkeit. Er nimmt weder sich selbst noch die Welt ungeschminkt wahr.

Beispiele für Rollen und Spiele:
Der nette Junge, das nette Mädchen, der tolle Typ, das Flittchen, die gute

Mutter, die gute Tochter, die gute Enkeltochter, der Quälende, der Gequälte usf.
Soziale Konventionen regeln das Verhältnis der Menschen zueinander:
Kollege - Kollegin, Lehrer - Schüler, Arzt - Patient usf.

Jeder Mensch hat alle verschiedenen (neurotischen) Verhaltensmöglichkeiten zur Verfügung.
Die Menschen unterscheiden sich durch die prozentuale Verteilung dessen, was sie zum Ausdruck bringen.

Fritz Perls:
„Ich nenne jeden Menschen neurotisch, der seine Kraft darauf verwendet, andere zu manipulieren, und sich weigert, selbst zu wachsen."

Quellen:
Boeckh, Die Gestalttherapie, Seite 53-54.

Staemmler/Bock, Neuentwurf der
Gestalttherapie, Seite 75-76.
Perls/Baumgardner, Das Vermächtnis der
Gestalttherapie, Seite 43, Seite 48-49 und
Seite 52.
Fritz Perls, Grundlagen der Gestalt-
Therapie, Seite 102

Angst:

Der Mensch hat ein Bedürfnis
authentisch und lebendig zu sein.
Doch es fällt ihm schwer, die alten
Identifikationen aufzugeben.
Das gewohnte Rollenspiel gegen
Authentizität zu tauschen, macht
dem Neurotiker Angst.
Er hat Angst, was passiert, wenn er
seine „Als-ob-Rollen" nicht mehr
spielt.
Er hat Angst vor der Reaktion seiner
Umwelt.
Er hat Angst vor negativen
Sanktionen seitens seiner Familie,
seiner Freunde und der Gesellschaft.
Der Neurotiker hat Angst, was
passiert, wenn er nicht länger den

netten Jungen / das nette Mädchen
usf. spielt.
Was nun?

Fritz Perls:
„Angst ist Erregung minus
Sauerstoff."

Quellen:
Boeckh, Die Gestalttherapie, Seite 54-55.
Perls/Baumgardner, Das Vermächtnis der
Gestalttherapie, Seite 43.
Staemmler/Bock, Neuentwurf der
Gestalttherapie, Seite 77.
http://www.gestalttherapie-lexikon.de/angst.htm

Engpass:

Der Neurotiker fühlt sich verloren
und leer.
Er verhält sich wie gelähmt.
Er sitzt fest zwischen Rollenspiel und
Authentizität („stuck").
Er befindet sich in einem Engpass.
Er erfährt ein existenzielles Dilemma.
Er erfährt das Nichts.

Ein Rückfall in die alten Rollen ist kontraproduktiv.
Das Rollenspiel schränkt den persönlichen Ausdruck ein.
Auf lange Sicht erzielt das Rollenspiel keine ausreichende Bedürfnisbefriedigung.
Der Neurotiker will seine echten Bedürfnisse zeigen.
Doch er fürchtet die Konsequenzen.
Er kann nicht einfach er selbst sein ohne Angst zu haben vor den bevorstehenden Veränderungen.
Der Neurotiker geht weder vor (Gefühlsausdruck) noch zurück (alte Rolle).
Der Engpass ist eine Blockierung.
Die Hilfestellungen von innen und außen sind abgenutzt.
Und authentische Selbstständigkeit wurde noch nicht erreicht.
Dieser Zustand wird oft als inneres Durcheinander erlebt.
Der Engpass ist die entscheidende Stelle im Wachstum.
Der Engpass ist der tote Punkt, obgleich eine ungeheure Energie vorhanden ist.

Der Neurotiker hat sich festgefahren.
Er weiß nicht worauf er seine Kraft
und seine Energie verwenden soll.
Auf Dauer hält er diese innere
Spannung nicht aus.

Quellen:
Perls/Baumgardner, Das Vermächtnis der
Gestalttherapie, Seite 42-43.
Boeckh, Die Gestalttherapie, Seite 54.
Staemmler/Bock, Neuentwurf der
Gestalttherapie, Seite 75-77.

Implosion:

Der Neurotiker hat Angst vor dem
Nichts und dem Tod.
Er hält die innere Spannung nicht
mehr aus.
Der Neurotiker bricht in sich
zusammen.
Er verhält sich wie katatonisch.
Er zieht sich in sich zusammen, er
implodiert.
Die Energie, die er zum Leben
braucht, wird ungenutzt investiert.
Der Neurotiker nutzt seine
Lebensenergie nicht für ein

authentisches Leben, sondern er implodiert.

Fritz Perls:
„In jedem Stückchen Therapie müssen wir durch die Implosionsphase gelangen, um an das wahre Selbst heranzukommen. Hier weichen die meisten therapeutischen Schulen und Therapien zurück, weil auch sie die Erstarrung fürchten. Natürlich geht es nicht um das Tot sein, sondern um die Angst und das Gefühl, erstarrt und tot zu sein, sich aufzulösen."

Quellen:
Boeckh, Die Gestalttherapie, Seite 54-55.
Perls/Baumgardner, Das Vermächtnis der Gestalttherapie, Seite 42-43.
Staemmler/Bock, Neuentwurf der Gestalttherapie, Seite 77-78.

Explosion:

Früher oder später lässt der Mensch einen authentischen Gefühlsausbruch zu - die Explosion. Die Lebensenergie wird zur Explosion genutzt, statt zur Implosion.
Der Mensch verhält sich lebendig.
Er zeigt seine echten Bedürfnisse.
Er geht in echten Kontakt: Mit sich selbst und mit seiner Umwelt.
Die Explosion ist die klassische Katharsis.
Sie ist die Befreiung von inneren Konflikten.
Die zurückgehaltenen Gefühle werden frei ausgedrückt.
Dieser spontane Gefühlsausbruch ist oftmals sehr heftig.
Es gibt vier Grundarten von Explosionen:
Freude, Wut, Trauer und Orgasmus.

Quellen:
Boeckh, Die Gestalttherapie, Seite 55.
Perls/Baumgardner, Das Vermächtnis der Gestalttherapie, Seite 42-43.
Staemmler/Bock, Neuentwurf der Gestalttherapie, Seite 78.

Nachwort:

1962: Fritz Perls ist deprimiert, unwirsch und ablehnend. So erlebt ihn Ruth Cohn.

In „Gelebte Geschichte der Psychotherapie" schreibt Ruth Cohn: „Er sagte, daß er nur noch eines wolle (…): auf Reisen gehen (…), um eine geeignete Grabstätte für sich zu finden."

Fritz Perls ist tot krank.

1964 erzählt Fritz, dass er Hilfe fand bei Ida Rolf (Rolfing).

Fritz Perls zu Ruth Cohn:
„Heute weiß ich, was los ist mit der Psychotherapie: Wir müssen den Patienten durch den >impass< führen, durch den Engpass (…)."

Quelle:
Ruth C. Cohn/Alfred Farau,
Gelebte Geschichte der Psychotherapie,
Seite 300-301.

Zitate (Perls):

„Don't push the river. If flows by itself."

„Lose your mind and come to your senses."

„I am I, and you are you. I do my thing, and you do your thing.
I am not in this world to live up to your expectations, and you are not in this world to live up to mine. If by chance we meet, it's beautiful. If not, it can't be helped."

„Lernen ist die Entdeckung, dass etwas möglich ist."

„Ich nehme es dir übel, wenn du mir nicht alles gibst. Ich fordere, dass du vollkommen gibst, was du bist."

„Gewahrsein ist freies Erspüren dessen, was in dir auftaucht, was du tust, fühlst oder vorhast. Sie ist ein Grundelement und eine umfassende Ganzheit. Ohne Bewusstheit gibt es keine Kenntnis einer Wahlmöglichkeit."

„Da liegt für mich die Bedeutung des Traumes - er ist eine existentielle Botschaft. Er ist nicht nur eine unvollendete Situation, er ist nicht allein ein akutes Problem, er ist nicht allein ein Symptom oder ein Charakterzug. Er ist ein existentielles Zeichen, eine Botschaft. Er betrifft unsere gesamte Existenz, unser gesamtes Drehbuch."

„Und nun etwas Grundsätzliches zu Wachstum und menschliches Potential. Meine Definition lautet folgendermaßen: Ich verstehe unter Wachstum und Reifung die Umwandlung der Unterstützung, die wir durch die Umwelt erhalten, in Selbstständigkeit und Selbsthilfe."

„Die Vergangenheit ist vorbei, und doch tragen wir im Jetzt unseres Seins vieles aus der Vergangenheit mit uns, doch nur soweit wir unerledigte Situationen haben. Was in der Vergangenheit geschah, wurde entweder assimiliert und zu einem Teil von uns, oder wir tragen es als unerledigte Situation, als unvollendete Gestalt mit uns herum."

„Veränderungen finden von allein statt. Wenn wir tiefer in das eindringen, was wir sind, wenn wir akzeptieren, was da ist, kommen die Veränderungen von allein. Das ist das Paradoxon der Veränderung."

Buch-Empfehlungen (Perls):

- Was ist Gestalt-Therapie?
- Gestalt-Therapie in Aktion
- Gestalt-Wahrnehmung
- Grundlagen der Gestalt-Therapie

Das Schichtenmodell der Neurose von Fritz Perls kurz zusammengefasst.

www.bod.de